BEI GRIN MACHT SICH IHR WISSEN BEZAHLT

Anja Kegel

Die italienischen Parteien und Immigration

Die Asylpolitik unter Berlusconi von 2008 - 2011

GRIN Verlag

Bibliografische Information der Deutschen Nationalbibliothek:

Die Deutsche Bibliothek verzeichnet diese Publikation in der Deutschen National-
bibliografie; detaillierte bibliografische Daten sind im Internet über http://dnb.d-
nb.de/ abrufbar.

Impressum:

Copyright © 2012 GRIN Verlag GmbH
Druck und Bindung: Books on Demand GmbH, Norderstedt Germany
ISBN: 978-3-656-31165-2

Dieses Buch bei GRIN:

http://www.grin.com/de/e-book/204066/die-italienischen-parteien-und-immigration

GRIN - Your knowledge has value

Der GRIN Verlag publiziert seit 1998 wissenschaftliche Arbeiten von Studenten, Hochschullehrern und anderen Akademikern als eBook und gedrucktes Buch. Die Verlagswebsite www.grin.com ist die ideale Plattform zur Veröffentlichung von Hausarbeiten, Abschlussarbeiten, wissenschaftlichen Aufsätzen, Dissertationen und Fachbüchern.

Besuchen Sie uns im Internet:

http://www.grin.com/

http://www.facebook.com/grincom

http://www.twitter.com/grin_com

Universität Potsdam
Wirtschafts- und Sozialwissenschaftliche Fakultät
Soziologische Theorie

Seminar: Migrationssoziologie –
Deutschland und Italien im Vergleich

Verschriftlichung des Referats:

‚Die italienischen Parteien und Immigration‘

Inhaltsverzeichnis

1   Einleitung

1.1   Die italienische Migrationspolitik

Die starke Immigration in den vergangenen Jahren stellt Europa und vor allem die süd-europäischen Länder wie beispielsweise Italien vor neuen Herausforderungen. Innerhalb Europas wird Italien hinsichtlich dem Umgang mit der Einwanderungsfrage scharf kriti-siert (vgl. Staudacher/ von Kempis 2008: 1). Es wird der italienischen Regierung Ras-sismus sowie Unkenntnis über die eigene Immigrationssituation vorgeworfen (ebd.: 1). Anhand der italischen Haltung gegenüber ihren Einwanderern wird eine Abwehrhaltung deutlich, denn die Vorzüge kultureller Vielfalt werden nicht erkannt und der Aspekt der Integration wird nicht berücksichtigt (ebd.: 1).

Im Umgang mit den ankommenden Bootsflüchtlingen aus Nordafrika dominiert insbe-sondere das Thema der nationalen Sicherheit. Allem Anschein nach sind bislang von Seiten der Politik eher Maßnahmen getroffen worden, die darauf abzielen, sich vor den Flüchtlingsströmen zu schützen anstatt den Flüchtlingen Asyl und Hilfe zu gewähren. Auch Europa hat wenig für Italien getan, um das Land während der großen Flücht-lingswellen in den Jahren 2008 und 2011 zu unterstützen.

Diese Arbeit knüpft an dieser Stelle an und beschäftigt sich mit den Maßnahmen der italienischen Migrationspolitik. Es wird das Ziel verfolgt, einen Überblick über die ita-lienische Einwanderungspolitik zu schaffen. Hierbei wird veranschaulicht, dass vor al-lem die politischen Maßnahmen ausgehend von der Lega Nord zu Verschärfungen in der Einwanderungspolitik führen.

1.2   Aufbau der Arbeit

Abschnitt 1 konzentriert sich auf die italienische Migrationspolitik, wobei die politischen Maßnahmen im Mittelpunkt stehen, welche unter der Regierung von Berlusconi in der Legislaturperiode 2008 bis 2011 getroffen worden sind. Außerdem wird kurz und knapp auf einzelne Kritikpunkte an der italienischen Einwanderungspolitik eingegangen.

Anschließend beschäftigt sich Abschnitt 2 mit den Ursachen für die Verschärfung der Einwanderungspolitik Italiens. Hierbei liegt der Fokus auf der Immigrationspolitik der Lega Nord sowie auf der Frage, wie Italien mit Bootsflüchtlingen aus Afrika umgeht. Der letzte Abschnitt wiederum zieht ein Fazit, indem die aktuelle Situation der Einwanderungspolitik in Italien skizziert wird.

2   Die Einwanderungspolitik Italiens

Wie geht Italien mit seinen Einwanderern um und was ist kennzeichnend für den typischen italienischen Immigranten? Welche Maßnahmen hat die Politik insbesondere in der Legislaturperiode 2008 bis 2011 getroffen? Auf die Beantwortung dieser Fragen fokussiert sich dieses Kapitel.

Es geht vor allem darum, eine Zusammenfassung zum Thema die italienischen Einwanderer (2.1) und die Reaktionen der Politik auf die Flüchtlingsströme aus den nordafrikanischen Ländern (2.2) zu geben, bevor einzelne Kritikpunkte an der Einwanderungspolitik (2.3) präsentiert werden.

2.1   Italien und seine Einwanderer

Staudacher und von Kempis (2008) zufolge ähnelt die Situation in Italien der in Deutschland Ende der 90er Jahre als Einwanderung nicht als Chance von der Politik wahrgenommen wird und die Bemühungen um Integration erst spät angelaufen sind (vgl. Staudacher/ von Kempis 2008: 1).

Obwohl es in Italien keinen ‚typischen' Einwanderer gibt, kann dennoch ein allgemeines Profil erstellt werden. Die regionale Verteilung der Einwanderer steht in Zusammenhang mit ihrer Bedeutung für den Arbeitsmarkt (ebd.: 2). Über die Hälfte der Einwanderer lebt in Norditalien, was wiederum damit zusammenhängt, dass dort mehr Fabriken und auch mehr Arbeitsmöglichkeiten vorhanden sind (ebd.: 2). Insbesondere in der Provinz Mailand lebt ein Zehntel aller Immigranten, während sich ein Viertel der Einwanderer in Mittelitalien, vor allem rund um Rom aufhält (ebd.: 2).

Die stärkste Gruppe sind die Rumänen, denn Italien hat bei der EU-Osterweiterung im Jahr 2007 auf Zugangsbeschränkungen zum Arbeitsmarkt für Rumänen und Bulgaren verzichtet (ebd.: 2). Italienische Immigranten sind in der Regel jung (ebd.: 3). Ungefähr 80 Prozent sind jünger als 45 Jahre und das Durchschnittsalter liegt bei 30,9 Jahren (ebd.: 3). Die Hälfte der Einwanderer ist weiblich und viele Immigrantinnen arbeiten als Pflege- und Hilfskräfte in den Familien (ebd.: 3). Jährlich steigt die Zahl der Einwanderer an und zugleich auch Neigung in Italien zu bleiben (ebd.: 3). Darüber hinaus tragen die Einwanderer erheblich zur Wirtschaftsleistung[1] des Landes bei (ebd.: 3). Vor allem im Baugewerbe und in der häuslichen Kranken- und Altenpflege sind Einwanderer beschäftigt (ebd.: 3). Darüber hinaus zahlen Einwanderer Beiträge für Gesundheits-, Versicherungs- und Rentenleistungen, welche deutlich über den staatlichen Transferzahlungen liegen (ebd.: 3).

2.2   Die Maßnahmen unter der Regierung Berlusconi (2008-2011)

Die italienische Debatte über Einwanderung wird vor allem vom Thema Sicherheit dominiert (vgl. Staudacher/ von Kempis 2008: 2). Bislang zielen die Maßnahmen der Regierung auf Verschärfungen im Ausländerrecht ab, weil Gesetze verabschiedet worden sind, die härtere Bestrafungen von illegalen Einwanderern vorsehen (ebd.: 3).

Illegale Einwanderung stellt in Italien ein ungelöstes, politisches Problem dar. Seit mehreren Jahren treten jährlich mehrere Zehntausende von Flüchtlingen aus Nordafrika in Booten eine gefährliche Überfahrt nach Südeuropa an (vgl. Zeit online 2008). Im ersten Halbjahr des Jahres 2008 kommen mehr als 10.600 Bootsflüchtlinge an (ebd.). Für die Regierung unter Berlusconi, die aus den Parlamentswahlen 2008 hervorgegangen ist, hat der Kampf gegen illegale Einwanderung Priorität (ebd.). Daher verabschiedet die konservative Regierung ein Sicherheitspaket (ebd.).

Die Gesetzesgrundlage hierfür bildet das Sicherheitsdekret vom 23. Mai 2008, welches Ende Juli 2008 Gesetzeskraft erlangt hat (vgl. Staudacher/ von Kempis 2008: 3). Dieses Dekret beinhaltet u.a. die Einführung des illegalen Aufenthalts auf italienischem Boden als ,strafverstärkender Umstand' im Strafrecht (ebd.: 3). Des Weiteren sollen härtere Strafen für diejenigen eingeführt werden, die illegale Einwanderung fördern bzw. illegale Immigranten beschäftigen oder beherbergen (ebd.: 3). Bei der Verurteilung eines Ausländers zu einer Haftstrafe von mehr als zwei Jahren kann der Strafrichter dessen Ausweisung anordnen, was auch auf Ausländer aus EU-Staaten zutrifft (ebd.: 3).

Im Mai 2009 verabschiedet das italienische Parlament[2] ein weiteres umstrittenes Sicherheitsgesetz (vgl. MuB 5/2009: 4). Dem Gesetz zufolge stellt die illegale Ein- oder Durchreise in Italien eine Straftat dar und kann mit einer Geldstrafe bis zu 10.000 Euro

---

[1] Die Beschäftigungsquote der Einwanderer liegt 2008 bei 73 Prozent und laut Schätzungen von Caritas umfasst ihre Arbeit neun Prozent des Bruttoinlandsprodukts (vgl. Staudacher/von Kempis 2008: 3).
[2] Im zweiten Anlauf setzt die Mitte-Rechts-Allianz um Berlusconi (PDL - Volk der Freiheit) ihr kontroverses Sicherheitsgesetz zur Bekämpfung illegaler Einwanderung und Kriminalität durch (vgl. MuB 5/2009: 4). Hierbei hat die Regierung die Abstimmung im Parlament mit der Vertrauensfrage verbunden, um verschiedene Änderungsvorschläge zu umgehen (ebd.: 4).

bestraft werden (ebd.: 4). Außerdem können Migranten zur Feststellung von Identität und Herkunft bis zu sechs Monaten in italienischen Auffanglagern festgehalten werden, zuvor waren nur zwei Monate gestattet (ebd.: 4). Ausländer, die trotz Ausweisung in Italien bleiben, droht eine Gefängnisstrafe bis zu einem Jahr (ebd.: 4). Eine weitere Neuregelung ist die Einführung eines neuen Straftatbestands, wonach die Vermietung von Wohnungen an illegale Einwanderer eine Straftat darstellt und mit bis zu drei Jahren Haft bestraft werden kann (ebd.: 4). Ferner werden kommunale Bürgerwehren legalisiert, wodurch es den Kommunen gestattet ist, private nächtliche Bürgerpatrouillen zu unterhalten (ebd.: 4). Mit dem Gesetz wird auch ein Rückführungsfonds eingerichtet, der die Rückkehr ‚undokumentierter' Einwanderer in ihre Herkunftsländer finanziert (ebd.: 4).

Seit Beginn des Jahres 2009 praktiziert Italien ein beschleunigtes Asylverfahren und hat mit Libyen ein Rücknahmeabkommen geschlossen (vgl. Kopp 2001: 22). Diesem Abkommen zufolge können Migranten nach Libyen zurückgebracht werden, wenn sie von dort aus mit dem Boot geflüchtet sind (ebd.: 22). Hierfür patrouillierten Schnellboote unmittelbar vor der lybischen Küste, um Bootsflüchtlinge auf dem Wasser abzufangen (ebd.: 22).

2.3   Kritik an der Einwanderungspolitik

Welche Kritikpunkte können bei der italienischen Einwanderungspolitik identifiziert werden?

Staudacher und von Kempis (2008) zufolge sind die Maßnahmen der italienischen Regierung nicht geeignet, um illegale Einwanderung effizient zu bekämpfen (vgl. Staudacher/ von Kempis 2008: 4). Vor allem die zentralen Probleme der Schwarzarbeit werden nicht berücksichtigt (ebd.: 4). Obwohl es die Schattenwirtschaft ist, die zu einer starken Nachfrage nach illegalen Einwanderern als Arbeitskräfte führt, wird diese Problematik von der Regierung unter Berlusconi ignoriert (ebd.: 4). Ein Grund hierfür ist sicherlich die Tatsache, dass eine effiziente Bekämpfung der illegalen Einwanderung viele Kosten und auch einen großen Organisationsaufwand bedeuten würde (ebd.: 4).

Des Weiteren kann kritisiert werden, dass bislang kein zusammenhängendes Asylgesetz[3] existiert (ebd.: 4). Seit Mitte der 80er Jahre sind die geschaffenen Einwanderungs-

---

[3] Das italienische Asylrecht wird ausschließlich durch einen Artikel des Ausländergesetzes 39/1990 geregelt, welcher stets durch nachfolgende Ausländergesetze novelliert wurde (vgl. MuB 7/2003).

gesetze vor allem durch Massenlegalisierungen sowie Abschiebungen gekennzeichnet und schwanken zwischen Schärfe und Milde (ebd.: 4f.).

Letztendlich ist es vor allem das Fehlen von Integrationsbemühungen, was dazu beiträgt, dass sich die Situation für Einwanderer nicht verändert (ebd.: 5). Eine Debatte über Integration wird in Italien nicht geführt, obwohl es dringend notwendig wäre.

3   Ursachen für die Verschärfung der Einwanderungspolitik

In diesem Kapitel werden die verschiedenen Ursachen vorgestellt, die dazu beigetragen, dass sich die italienische Einwanderungspolitik immer mehr verschärft und vor allem das Thema nationale bzw. innere Sicherheit anstelle von Integrationsbemühungen die politischen Maßnahmen dominiert hat.

Hierbei wird zunächst als Beispiel für eine rechte Partei auf den ,Movimento Sociale Italiano' (MSI) und dessen Entwicklung in der italienischen Parteienlandschaft (3.1) eingegangen. Anschließend sind vor allem die fremdenfeindliche Politik der Lega Nord (3.2) sowie der Umgang mit den Bootsflüchtlingen (3.3) von Bedeutung, wodurch die negativen Tendenzen im Umgang mit Immigranten veranschaulicht werden. Weitere Ursachen für die Verschärfung der Einwanderungspolitik (3.4) werden im letzten Abschnitt kurz und knapp vorgestellt.

3.1.   Die Rechte in Italien

Kennzeichnend für die extreme Rechte in Italien ist, dass sie in ideologischer und politischer Hinsicht von 1945 bis 1994 ununterbrochen eine feste politische Kraft darstellte, welche eindeutig auf den Faschismus zurückzuführen werden kann (vgl. Chiarini 2011: 153). Sie war nicht nur systemfeindlich und lehnte das politische System sowie die parlamentarischen Institutionen ab, sondern war auch gegen die kapitalistische Ordnung der Wirtschaft (ebd.: 153).

Ein Beispiel für eine neofaschistische Partei ist der ,Movimento Sociale Italiano' (MSI)[4], welche bereits 1946 von Kämpfern der ,Repubblica Sociale Italiana' (RSI) und einzelnen Führern der ,Partito Fascista Reppublicano' gegründet worden ist (vgl. wikipedia 2012). Die Partei verfolgte eine Doppelstrategie, indem sie einerseits die Parteienherrschaft bekämpfte und mit anti- sowie außerparlamentarischen Gruppen der extremen Rechten kooperierte, anderseits aber die Verfassung als politischen Handlungsrahmen akzeptierte und seine Ziele mit demokratischen Mitteln versuchte zu erreichen (vgl. Höhne 2003: 99). Auf diese Weise konnte sich die Partei die Unterstützung einiger

---

[4] Der Movimento Sociale Italiano bekannte sich zum Faschismus und propagierte dessen Werte und Ideale (vgl. Höhne 2003: 99).

Wähler sichern, aber blieb von der Regierungsbeteiligung ausgeschlossen (ebd.: 100). Im Januar 1995 geht aus der neofaschistischen Bewegung ‚Movimento Sociale Italiano' (MSI) die ‚Alleanza Nazionale' (AN) hervor, wobei die Parteiführung die treibende Kraft hinter dieser Transformation war (ebd.: 100). Für die erfolgreiche Profilierung des MSI präsentierte sich die Partei als demokratische Alternative zu den herrschenden Parteien (ebd.: 101). Die Strategie schien aufzugehen, denn für viele bürgerliche Wähler bildete nun der MSI an Stelle der zerbrochenen alten Mitte die bürgerliche Alternative gegen die Linke (ebd.: 101). Der Wahlerfolg veranlasste die Parteispitze, zusammen mit anderen unabhängigen Persönlichkeiten der Zivilgesellschaft sowie mit ehemaligen Politikern der alten Mitte ein Wahlkartell mit dem Namen ‚Alleanza Nazionale' (AN) zu gründen (ebd.: 101).

Infolge des Wahlergebnisses vom 27. März 1994 waren die Begründer der AN davon überzeugt, dass die Rechtskoalition, vor allem die Alleanza Nazionale die produktiven Schichten repräsentiert und eine zentrale Rolle innerhalb einer modernen Gesellschaft vertritt (ebd.: 103). Man ging sogar davon aus, dass die Rechtskoalition einen neuen Sozialpakt verkörpert, welcher von einer breiten Mehrheit getragen wird. Daher müsse die Rechtskoalition ein neues politisches System, die Zweite Republik, aufbauen (ebd.: 103).

Infolge der Gründung von AN war die Transformation des MSI in eine demokratische Rechtspartei gelungen (ebd.: 104). Insgesamt wirkte sich die Transformation auf die Partei dahingehend aus, dass drei neue Strömungen entstanden: das national-konservative Zentrum, die liberale Rechte und die soziale Rechte (ebd.: 105). Ebenfalls modernisierte die Partei während der Transformationsphase ihre Ideologie und ihre Programmatik (ebd.: 107). Die Historisierung von Faschismus und Antifaschismus erlaubte er der Partei ihre Programmatik zu erneuern, ohne sich kritisch mit den faschistischen Wurzeln der Parteiideologie auseinander zu setzen (ebd.: 108). Die Nation bildet den zentralen Bezugspunkt der AN, die auf der Gemeinsamkeit von Sprache, Kultur, Geschichte und Territorium beruht (ebd.: 108f.). Aus diesem konservativen Nationenverständnis leitet die Partei einen defensiven Patriotismus ab, der sich vor allem gegen Multikulturalismus richtet (ebd.: 109). Der programmatische Diskurs unterscheidet sich erheblich vom ideologischen Diskurs durch seine neofaschistischen, nationalistischen sowie autoritären Elemente (ebd.: 110). In der Öffentlichkeit muss der AN einerseits den Eindruck vermitteln, sich programmatisch grundlegend geändert zu haben, um koalitions- und regierungsfähig zu sein, zugleich muss die Partei die ideologischen Bedürfnisse ihrer traditionellen Anhänger befriedigen, um diese nicht zu verlieren (ebd.: 110).

Welche Art von Einwanderungspolitik vertritt und unterstützt der Alleanza Nazionale?

Der AN war 2002 an der Ausarbeitung eines neuen, schärferen Einwanderungsgesetzes beteiligt, dass als Bossi-Fini-Gesetz bekannt ist und die illegale Einwanderung nach Italien unter Strafe stellen sowie bremsen sollte (vgl. Grimm 2004: 59). Zu Zeiten der MSI war unter den Mitgliedern zumindest 1990 Fremdenfeindlichkeit noch weit verbreitet, währenddessen der AN nur verhalten mit dem Thema Immigration Wahlkampf geführt hat (ebd.: 59).

Schlussendlich ist der der AN keine grundsätzliche Demokratie- oder Verfassungsfeindlichkeit, sondern eher Partei, die sich zur modernen, konservativen Partei entwickelt hat (ebd.: 88). Darüber hinaus ist sie nicht faschistisch orientiert oder potentiell rechtsextrem, sondern eher eine konservative, demokratische Rechtspartei (ebd.: 88).

3.2. Die Lega Nord und ihre ausländerfeindliche Politik

Im Gegensatz zur alten extremen Rechten entspricht die neu gegründete Rechte eher einer gemäßigten Rechten, die Institutionen anerkennt und europäisch denkt (vgl. Chiarini 2011: 156). Infolge der Erneuerung verschob sich die Selbsteinordnung im Links-Rechts-Schema zunehmend zur Mitte (ebd.: 156). Ebenfalls ist die neugegründete Rechte daran interessiert, die Zuwandererfrage neu zu bewerten (ebd.: 157). Die Bedrohung durch illegale Einwanderung dient als ein Argument, um die Mehrheit von Mitte-Links zu bekämpfen (ebd.: 157). Hierbei wird gezielt mit dem Niedergang der öffentlichen Ordnung und dem Zusammenhang zwischen der Anwesenheit illegaler Einwanderer und Kriminalität (ebd.: 157).

In diesem Zusammenhang ist die Lega Nord ein Beispiel für eine rechte Partei, die während der Legislaturperiode 2008 bis 2011 die italienische Einwanderungspolitik maßgeblich mitbestimmt hat. Sie ist eine rechtspopulistische Partei, die eine scharfe zuwanderfeindliche Haltung mit offenen fremdenfeindlichen Spitzen vertritt und gezielt Politik gegen Zuwanderer betreibt (ebd.: 168). Im Jahr 1991 gründet Umberto Bossi die Partei, indem er alle regionalen Lega-Gruppen des Nordens zur Lega Nord zusammenführt (vgl. Iori 2003: 82). Diese norditalienische Regionalpartei war auf nationaler Ebene u.a. in den Legislaturperioden von 2001 bis 2006 und 2008 bis 2011[5] Teil der Regie-

---

[5] Bei den Parlamentswahlen 2008 ist die Lega Nord der eigentliche Wahlsieger des Mitte-Rechts-Lagers (vgl. Goller 2008: 3). Sie erreicht 8,3 Prozent der Stimmen und kann im Vergleich zum Wahlergebnis von 2006 die Stimmenanzahl verdoppeln (ebd.: 3). Trotzdem kann der Wahlsieg eher auf die schlechte Bilanz der Vorgängerregierung Prodi, eine allgemeine Unzufriedenheit gegenüber der politischen Klas-

rungskoalition. Vor allem die Gebiete in Norditalien, in denen die Lega Nord entstanden ist, gehören zu den am weitesten entwickelten und modernsten Italiens (vgl. Chiarini 2011: 164). Hier hat die Partei ihre Stammwählerschaft[6] (ebd.: 164). Nicht von Anfang an war die Feindseligkeit gegen Zuwanderer oberstes Ziel und Qualifikationsmerkmal der Partei (vgl. Chiarini 2011: 163). Zu den Hauptanliegen der Lega Nord zählt die Bewahrung des ‚padanischen' Territoriums[7], dessen Wohlergehen sowie die Erhaltung traditioneller Werte (ebd.: 164). Das Besondere an der Lega Nord ist ihre enge territoriale Verbindung mit der dortigen Bevölkerung (vgl. Goller 2009: 7). Daher tritt die Partei für die Föderalisierung des Landes ein und die Übertragung der Kompetenzen des Zentralstaats auf die Regionen (vgl. Chiarini 2011: 164). Im Jahr 1996 forderte die Lega Nord sogar die Abspaltung des wohlhabenden Nordens von Süditalien (ebd.: 164).

Nichtsdestotrotz ist die Ablehnung von Ausländern bei den Wahlentscheidungen der Lega-Wähler/-innen entscheidend (ebd.: 163). Die Partei war dennoch immer darauf bedacht, ihre Fremdenfeindlichkeit von einem grundsätzlichen Leitgedanken zu einem Motiv der Opportunität umzuwandeln (ebd.: 165). Mit gekonnten rhetorischen Wendungen haben die Anhänger der Partei stets versucht, dem Vorwurf antidemokratische Verhaltensweisen zu zeigen, an ihre Kritiker zurückgegeben (ebd.: 165). Dennoch sind anhand der Sprache führender Personen sowie an den Inhalten der Wahlplakate eindeutige Aufforderungen zur Ausländerverfolgung[8] und Diskriminierung erkennbar (ebd.: 165f.).

Die Lega Nord ist für zwei Maßnahmen zur Diskriminierung der außereuropäischen Zuwanderer auf nationaler Ebene verantwortlich: das Bossi-Fini Gesetz von 2002 und die Sicherheitsverordnung von 2009 (ebd.: 166). Das Bossi-Fini-Gesetz sieht vor, dass die Aufenthaltserlaubnis, die Wohngenehmigung und die italienische Staatsbürgerschaft nur an Ausländer zu erteilen sei, die eine Arbeitsstelle oder ein Einkommen nachweisen können (ebd.: 166f.). Außerdem erlaubt diese Vorschrift die Abschiebung ins Herkunftsland (ebd.: 167). Das bereits erwähnte Sicherheitsgesetz führt den Straftatbestand

---

se sowie die Fusion zwischen ‚Alleanza Nazionale' und ‚Forza Italia' zur ‚Popolo della Libertà' zurückgeführt werden (ebd.: 10).

[6] Insbesondere Handwerker, Kleinunternehmer und Arbeiter, die in den kleinen Zentren Norditaliens leben gehören zur Stammwählerschaft der Lega Nord (vgl. Goller 2009: 7).

[7] Mit dem Begriff Pandanien ist die Poebene gemeint. Allerdings verwendet die Lega Norden diesen Begriff seit den 90er Jahren zur Propaganda und erweitert den Terminus Pandanien auf den gesamten Bereich Oberitaliens.

[8] Der Bürgermeister von Treviso hat im Jahr 2000 beispielsweise die Einwanderer aus Drittweltländern mit ‚Häschen' verglichen, auf die Jäger Schießübungen machen können (vgl. Chiarini 2011: 166). Ebenfalls publizierte die Partei auf eine Seite von Facebook den Aufruf: „Illegal Eingewanderte: Foltert sie! Es ist Notwehr!" (ebd.: 166).

des illegalen Aufenthalts in die Rechtsordnung ein und diskriminiert außereuropäische Zuwanderer bei Arbeitslosigkeit, indem sie von jeder Form der Unterstützung zum Lebensunterhalt ausgeschlossen werden (ebd.: 167). Insbesondere auf regionaler Ebene kommt es zu fremdenfeindlichen Schikanen durch die Partei. In einigen norditalienischen Gemeinden rief 2009 die dort regierende Lega Nord zur Operation ‚White Christmas' auf (ebd.: 167). Hierfür wurden Flugblätter verteilt, die die Bürger dazu ermutigen sollten, illegale Einwanderer in der Gemeinde der Polizei zu melden (vgl. Staudacher/ von Kempis 2009: 1). Auch zeichnete sich in den Regionalwahlen 2010 ein Vormarsch der Lega Nord ab, denn die Partei konnte in der Region Venetien und im Piemont die Wählerzahl im Vergleich zu den Wahlen 2005 verdoppeln (vgl. von Kempis 2010: 1). Die Partei stellte somit zum ersten Mal überhaupt einen Regionalpräsidenten in zwei reichen Nordregionen mit großer Bevölkerungszahl (ebd.: 1).

Goller (2009) zufolge ist die Lega Nord eine Partei sui generis, die infolge der größten politischen Krise Italiens entstanden ist (vgl. Goller 2009: 12). Sie ist ein Indikator für die Krise des italienischen Staates, welche unter normalen Bedingungen in einem funktionierenden politischen System mit guter Administration nicht existieren müsste (ebd.: 12).

Nach der Regierungskrise und dem Rücktritt Berlusconis im November 2011 geht die Lega Nord in der Opposition, weil sie das Kabinett von Monti nicht unterstützt. Da die Partei einen charismatischen Charakter hat, ist sie auch vollständig auf den ‚Leader' Umberto Bossi abgestimmt (vgl Goller 2009: 7). Er ist für die programmatische Ausrichtung zuständig, welche die Parteibasis übernimmt (ebd.: 7). Im April 2012 tritt Bossi zurück, weil die Partei öffentliche Mittel veruntreut hat[9] (vgl. Tagesspiegel online 2012). Seitdem steckt die Partei in einer Krise. Ihr Image hat durch die Korruptionsaffäre deutlichen Schaden genommen, denn viele Wähler wenden sich aus Enttäuschung ab. Die Lega Nord steckt bei den Kommunalwahlen am 6. und 7. Mai 2012 große Niederlagen ein (vgl. Plate 2012: 1). Vor allem in der Lombardei hat die Partei viele Bürgermeisterposten verloren (ebd.: 1).

---

[9] Die Partei soll fünf Millionen Euro an den Bestimmungen vorbei in Tansania sowie Zypern investiert haben und es besteht der Verdacht auf Beteiligung an Geldwäsche aus Mafia-Geschäften (vgl. Tagesspiegel online 2012). Darüber hinaus richten sich die Vorwürfe wegen Betrugs auch persönlich gegen Bossi (ebd.). Seine Familie und er sollen Parteigelder für Privatreisen und Bauarbeiten verwendet haben (ebd.).

3.3   Bootsflüchtlinge aus Afrika

Bevor sich dieser Teil der Ausarbeitung mit der Situation der afrikanischen Bootsflüchtlinge in Italien beschäftigt, wird im Folgenden zuerst auf die italienisch-lybische Kooperation eingegangen.

Bereits seit Mitte der 1990er Jahre kooperierte Italien mit der Diktatur Libyen, um
Grenzabschnitt für illegale Einwanderer unpassierbar zu machen (vgl. Kopp 2011: 22).

Den ersten Höhepunkt erreichte die Kooperation in den Jahren 2004 und 2005 als tau-
sende Flüchtlinge direkt von der Insel Lampedusa nach Libyen abgeschoben wurden
(ebd.: 22). Eine neue Qualität erfuhr die Zusammenarbeit im Frühjahr 2009 als Italien
Bootsflüchtlinge auf hoher See angreifen und nach Libyen zurückdrängen lässt, wobei
man 500 Bootsflüchtlinge gewaltsam nach Libyen zurück verfrachtet (ebd.: 22).

Die enge Kooperation zwischen den beiden Ländern wird im August 2008 durch den
„Vertrag über Freundschaft, Partnerschaft und Kooperation" weiter vertieft (ebd.: 22).
In diesem Vertrag wird u.a. die Absicht einer ‚intensivierten' Kooperation bei der
‚Bekämpfung von illegaler Migration' festgehalten (ebd.: 22).

Insbesondere die Vereinten Nationen, die italienische Bischofskonferenz, der Vatikan,
der Europarat und verschiedene Menschenrechtsorganisationen verurteilten die italienische Abschiebepraxis und Asylpolitik, weil sie eindeutig gegen die Genfer Konventio-
nen und das Recht auf Asyl[10] verstößt (ebd.: 23). Da Libyen einer der wenigen afrikanischen Staaten ist, der nicht die Genfer Flüchtlingskonvention unterzeichnet hat und laut
UNHCR kein funktionierendes System zur Aufnahme von Asylsuchenden bietet, kann
das Land den Schutz der Menschenrechte nicht garantieren (ebd.: 23).

Seit Mitte Februar 2011 kommt es erneut zu einem anhaltenden Flüchtlingsstrom von
Nordafrika über das zentrale Mittelmeer nach Italien (ebd.: 25). Infolge der politischen
Unruhen und Veränderungen in Nordafrika landen im ersten Halbjahr des Jahres 2011
rund 43.000 Bootsflüchtlinge, davon alleine 33.000[11] auf Lampedusa (vgl. MuB
7/2011). Daraufhin bemüht sich Italien schnell um die Wiederaufnahme der Grenzkon-

---

[10] Mit dem Abdrängen von Bootsflüchtlingen auf See wird bewusst und unter Billigung der EU der wich-
tigste Grundsatz der Genfer Flüchtlingskonvention verletzt, und zwar das Non-Refoulement-Prinzip
(vgl. Kopp 2011: 23). Schutzsuchende werden daran gehindert, überhaupt einen Asylantrag zu stellen,
denn in Libyen existiert kein funktionierendes Asylsystem, so dass ihnen jeglicher Schutz verwehrt
wird (ebd.: 23).

[11] Der damalige italienische Innenminister Roberto Maroni von der Lega Nord bezeichnet bereits die
ersten Ankünfte von Flüchtlingsbooten als einen „Exodus biblischen Ausmaßes" (vgl. Kopp 2011:
25).

trollen[12] vor der tunesischen Küste, welche infolge der Flucht des tunesischen Präsiden-
ten Ben Ali nach Saudi Arabien zusammengebrochen sind (vgl. Kopp 2011: 25). Im
April 2011 unterzeichnet Italien ein Abkommen, welches erlaubt, neu ankommende
Flüchtlinge aus Tunesien umgehend zurückzuschieben (ebd.: 25).

Der Europäische Gerichtshof für Menschenrechte verurteilt Italien im Februar 2012,
weil das Land Migranten nach Libyen zurückgeführt hat, ohne ihre Rechte zu prüfen,
obwohl sie dort Gefahr liefen, misshandelt zu werden (vgl. MuB 3/2012).

Wie sieht die Lebenssituation für Asylsuchende in Italien aus und welche Maßnahmen
treffen italienische Behörden?

Bootsflüchtlinge werden für die Dauer ihres Asylverfahrens, welche maximal sechs
Monate dauert, in sogenannten Erstaufnahmeeinrichtungen untergebracht (vgl. Beth-
ke/Bender 2011: 8). Wenn ein Asylverfahren abgeschlossen ist, haben die Flüchtlinge
keinen Anspruch auf Unterbringung, auch wenn das Asylverfahren länger als sechs
Monate dauert (ebd.: 8). Daher werden die meisten Asylsuchenden nach Entlassung aus
der Erstaufnahmeeinrichtung obdachlos und wenn man keinen festen Wohnsitz hat,
dann scheitert auch die Zustellung eines Bescheids (ebd.: 8).

Im Vergleich zu Deutschland stehen in Italien nur wenige staatlich finanzierte Unter-
künfte für die aus der Erstaufnahmeeinrichtung Entlassenen zur Verfügung (ebd.: 8).
Das staatliche Aufnahmesystem SPRAR (Sistema di Protezione per Richiedenti Asilo e
Rifugiati) beispielsweise ist völlig überlastet (ebd.: 8). Gemeinsam mit lokalen Partnern
soll SPRAR italienweit die Unterbringung und Integration von Schutzberechtigten, zum
Teil auch Asylsuchenden gewährleisten (vgl. Bethke/Bender 2011: 8). Es bietet viel zu
wenig Plätze[13] und die Wartelisten sind sehr lang[14] (ebd.: 8). Außerdem beteiligen sich
die lokalen Partner, die die SPRAR-Projekte betreiben, freiwillig (ebd.: 9). Die Kommunen sind nicht verpflichtet, eine gewisse Zahl von Plätzen zur Verfügung zu stellen
(ebd.: 9). Die Plätze im SPRAR-System stehen den Bewohnern auch nur für jeweils
sechs Monate zur Verfügung, wobei die durchschnittliche Verweildauer sogar noch
unter 6 Monaten liegt (ebd.: 9).

Aufgrund der Knappheit an Aufnahmeplätzen werden die schutzbedürftigen ausländischen Staatsangehörigen in der Regel sich selbst überlassen (ebd.: 10). Ein staatliches

---

[12] Innenminister Maroni verspricht die ‚irregulären Migranten' schnellstmöglich zurückzuschieben (vgl.
    Kopp 2011: 25).
[13] SPRAR bieten nur 3.000 Plätze an, obwohl die Zahl der ankommenden Asylsuchenden im Jahr 2008
    bei ca. 31 000 und im Jahr 2009 bei ca. 17 000 liegt (vgl. Bethke/Bender 2011: 8).
[14] Insbesondere in Ballungszentren sind die Wartelisten extrem lang, so dass für die meisten Schutzbe-
    rechtigten keine realistische Chance auf Unterbringung in den Projekten besteht (vgl. Bethke/Bender
    2011: 8).

Sozialsystem, welches zumindest Wohnraum und ein Existenzminimum garantieren könnte, ist in Italien nicht vorhanden (ebd.: 10).

Wie sehen das Leben und die Situation für obdachlose Schutzberechtigte und abgelehnte Asylbewerber aus? Sie sind meistens den gesamten Tag damit beschäftigt, ihre Grundbedürfnisse zu sichern (ebd.: 11). Fast ununterbrochen sind sie auf der Suche nach kostenlosen Essens-, Kleider- und Hygieneangeboten oder kostenlosen Schlafmöglichkeiten (ebd.: 11). Vor allem kirchliche Versorgungsangebote in Rom und Turin sind teilweise in der Lage, die Nachfrage nach Nahrungsmitteln abzudecken (ebd.: 11). Aber schutzbedürftige Personen wie Kinder, Alleinerziehende, Kranke können sich bei den begrenzten Angeboten nicht durchsetzen und somit ihre Grundbedürfnisse nicht sicherstellen (ebd.: 11).

Besonders problematisch ist die Wohnraum-Situation, denn hier stößt die nichtstaatliche Hilfe an ihre Grenzen (ebd.: 11). Aus diesem Grund besetzen die Betroffenen vielerorts leer stehende Häuser oder Brachflächen, wie beispielsweise alte baufällig Bürogebäude oder die ehemalige somalische Botschaft in Rom (ebd.: 11). In den besetzen Häusern herrschen katastrophale und unhygienische Verhältnisse (ebd.: 12). Dort gibt es kaum oder gar kein Wasser, kaum Strom, keine Heizung, keine Möbelstücke usw. (ebd.: 12). Die Lebensumstände in den besetzten Häusern sind derart schwierig, dass die italienischen Behörden einige Kinder in Obhut nehmen, weil keine kindgerechte Unterbringung gewährleistet werden kann (ebd.: 12f.).

Die Situation für diejenigen in den besetzten Häusern ist bereit miserabel und menschenunwürdig, aber mehrere tausend Schutzbedürftige, die keinen Zugang zu solchen Häusern findet, lebt auf brachliegenden Flächen mit selbstgebauten provisorischen Behausungen (ebd.: 16). Diese provisorischen Ansiedlungen auf den Brachflächen sind vergleichbar mit Lebensverhältnissen in einem Slum (ebd.: 16). Die Hütten sind aus Steinen, Wellblech, Brettern und Plastikplanen zusammengeflickt und bieten keinen ausreichenden Schutz gegen Kälte, Wind und Regen (ebd.: 16). Es existiert keine funktionierende Müllentsorgung, daher liegt auf dem gesamten Gelände verteilt Abfall herum (ebd.: 16). Darüber hinaus gibt es kein fließendes Wasser, daher müssen sich die Bewohner Wasser mit Kanistern von öffentlichen Brunnen holen (ebd.: 16). Viele Bewohner leiden aufgrund dieser Lebensumstände an Krankheiten (ebd.: 16). Fast alle sind mittellos und auf die Verpflegung durch Suppenküchen karitativer Organisationen angewiesen (ebd.: 16).

Darüber hinaus ist eine unbestimmte Zahl an Menschen ohne jegliches Obdach (ebd.: 9). Sie leben zum Beispiel am Bahnhof Termini unter freiem Himmel, in Tunneln, der

Kanalisation oder unter Brücken (ebd.: 19). Personen, die auf der Straße und ganz ohne Obdach leben, sind nächtlichen Überfällen, Diebstählen und sexueller Gewalt ausgesetzt (ebd.: 19). Diese ausweglose Situation wird noch dadurch verschlimmert, dass sie schlechte bis gar keine Chancen auf einen Platz in einem staatlich finanzierten Wohnheim haben (ebd.: 19).

Wie steht es um die Chance für Asylsuchende, die auf der Straße, den Brachflächen, in besetzten Häusern oder in privaten bzw. kirchlichen Obdachschlafstätten leben diesem Zustand zu entkommen? Das Leben an den eben genannten Orten hat für die Asylsuchenden weitere existenzbedrohende Konsequenzen, da die Betroffenen keinen festen Wohnsitz haben (ebd.: 20). Ein fester Wohnsitz ist jedoch die Grundvoraussetzung für den Zugang zur staatlichen Gesundheitsversorgung (ebd.: 20). Ohne nachweisbaren festen Wohnsitz kann man ebenfalls keine legale sozialversicherungspflichtige Arbeit finden (ebd.: 22). Daher arbeiten die Betroffenen größtenteils in unsicheren, vertragslosen Verhältnissen und sind bei Arbeitslosigkeit oder Arbeitsunfällen nicht abgesichert (ebd.: 22). Als Obdachloser hat man keinen Zugang zur medizinischen Behandlung[15] und auch nicht zu Leistungen der Unfallversicherung (ebd.: 22).

Alles in allem scheint die Situation für diese Menschen ausweglos, da sie weder vom italienischen Sozialsystem aufgefangen werden, noch ihnen von staatlicher Seite irgendeine Hilfe angeboten wird.

3.4   Weitere Ursachen für die Verschärfung der Einwanderungspolitik

Worin liegen weitere Ursachen für die Verschärfungen in der italienischen Einwanderungspolitik? Italien ist kein klassisches Einwanderungsland (vgl. Staudacher/ von Kempis 2008: 6). Bis in die 50er Jahre war Italien eher ein klassisches Auswandererland, erst binnen weniger Jahrzehnte änderte sich die Situation in entgegengesetzte Richtung (ebd.: 6). Die Zahl der Einwanderer wächst jährlich sehr stark an (ebd.: 6). Jedes Jahr sind es um 300.000 bis 350.000 Einwanderer (ebd.: 6). Sollte diese Entwicklung so weiter gehen, dann wird Italien bis zur Jahrhundertmitte über 12 Millionen Einwanderer haben (ebd.: 6).

Hinsichtlich des rapiden Wachstums an Zuwanderern fühlt sich Italien von der EU im Stich gelassen, denn die Explosion der Ausländerzahlen steht in einem direkten Zu-

---

[15] Obdachlosen wird lediglich die Akutbehandlung in den ersten Tagen nach einem Unfall gewährt (vgl. Bethke/Bender 2011: 22).

sammenhang mit den EU-Osterweiterungen im Jahr 2004 und 2007 (ebd.: 6). Eine Mehrheit der Italiener ist laut Umfragen der Meinung, dass die EU zu wenig Maßnahmen hinsichtlich Immigration und Sicherheit tut (ebd.: 6). Insbesondere die Präsenz vieler Immigranten bei der Schwarzarbeit wird von vielen Italienern als problematisch gewertet (ebd.: 6). Leider wird in diesem Zusammenhang oftmals nicht berücksichtigt, dass die Schattenwirtschaft das Problem ist und nicht der Zustrom an illegalen Einwanderern, weil sie nach illegalen Arbeitskräfte verlangt (ebd.: 6f.). Die Schattenwirtschaft macht nicht weniger als ein Viertel der italienischen Produktion aus (ebd.: 7).

Auch wird das dramatische Nord-Süd-Gefälle durch innere Migration verschärft (ebd.: 7). Für die Zukunft wird erwartet, dass der Süden Italiens vergreist, während sich der wirtschaftlich dynamischere Norden verjüngt und seine Bevölkerung um bis zu 20 Prozent wächst (ebd.: 7). Es wird eine Welle von Arbeitsmigration von Süd nach Nord geben (ebd.: 7).

Eine weitere Ursache für die Verschärfung in der italienischen Einwanderungspolitik ist der tatsächliche Zusammenhang zwischen Immigration und Kriminalität (ebd.: 7). Im Vergleich zu Einheimischen verüben illegale Einwanderer eine höhere Zahl an Verbrechen aus (ebd.: 7). Diese Verbrechen werden vor allem von Rumänen, Albanern oder Marokkanern verübt (ebd.: 7). Insbesondere im urbanen Raum ist ein starker Anstieg der Ausländerkriminalität beobachtbar (ebd.: 7). Daher sitzen auch überdurchschnittlich viele Ausländer in italienischer Haft (ebd.: 7).

Zusätzlich wird die negative Atmosphäre gegenüber Ausländern noch durch die italienischen Medien angeheizt (ebd.: 7). Im italienischen Fernsehen beispielsweise wird über Ausländer ausschließlich in negativem Zusammenhang berichtet (ebd.: 7).

4   Fazit und aktuelle Situation

In dieser Arbeit konnte gezeigt werden, dass die bisherigen Maßnahmen der italienischen Migrationspolitik eher auf eine Abgrenzung abzielen, bei der vor allem das Thema nationale Sicherheit eine Rolle spielt. Es wird weniger integriert und die Relevanz
sowie das Potential von Immigranten wird von der Politik bis heute nicht erkannt. Die
bisherigen politischen Maßnahmen, insbesondere von der Lega Nord, haben zu gravie-
renden Verschärfungen in der Einwanderungspolitik geführt.

Eigentlich ist Italien auf Migranten angewiesen, denn die Nachfrage nach ausländischen
Hilfs- und Arbeitskräften ist strukturell angelegt (vgl. Staudacher/ von Kempis 2008: 9).
Der Arbeitskräftebedarf kann nicht aus eigenem Reservoir gedeckt werden (ebd.: 8f.).
Insbesondere in den Branchen mit hoher Arbeitsintensität wie beispielsweise Land-
wirtschaft, Bauwirtschaft und Tourismus, aber auch im Pflege- und Gesundheitswesen
ist der Bedarf an Arbeitskräften aufgrund des demographischen Wandels und weil das
italienische Pflege-, Gesundheits- und Sozialsystem familienzentriert ist, sehr hoch
(ebd.: 9). Außerdem stellt das Ausmaß der Schattenwirtschaft ein großes Problem dar
(ebd.: 9). Illegale Einwanderung kann nur effektiv bekämpft werden, wenn die Politik
den Schwarzmarkt bekämpft, vor allem mit Strafen und härteren Sanktionen gegen Ar-
beitgeber (ebd.: 9). Dennoch sind bislang noch keine Maßnahmen getroffen worden, um
die Schattenwirtschaft effizient zu bekämpfen.

Welchen Einfluss hat die aktuelle Situation auf die italienische Einwanderungspolitik?
Die italienische Regierung unter Monti hat einen Kurswechsel angekündigt (vgl. Spina
2012). Der Auslöser für diese Reaktion ist mit großer Wahrscheinlichkeit das Urteil des
Europäischen Gerichtshofs für Menschenrechte[16] (ebd.). Die Klage gegen Italien ist im
Mai 2009 von 24 somalischen und eritreischen Flüchtlingen am EGMR eingereicht
worden (ebd.). Die Flüchtlinge sind südlich von Lampedusa auf offener von der italienischen Küstenwache aufgegriffen und ohne Prüfung der Gründe für ihre Flucht gegen
ihren Willen nach Tripolis zurückgebracht worden[17] (ebd.). Dem Urteil der Straßburger
Richter zufolge hätten die italienischen Kontrollbehörden die zweihundert Bootsflüchtlinge nicht nach Libyen zurückweisen dürfen, da ihnen dort unmenschliche Behand-

---

[16] Der Europäische Gerichtshof für Menschenrechte (EGMR) kommt in seinem Urteil am 23. Februar
2012 zu dem Schluss, dass Italiens umstrittene Zwangsabschiebungen von Bootsmigranten im Mittelmeer gegen die Europäische Menschenrechtskonvention verstoßen (vgl. Spina 2012).

[17] Schätzungen des Uno-Flüchtlingswerks zufolge griff Italien 2009 auf offener See mindestens 1000
Personen auf und brachte sie direkt nach Libyen zurück (vgl. Spina 2012).

lung[18] sowie Abschiebung in ihre Herkunftsländer drohten (ebd.). Außerdem verpflichtet das Urteil die italienische Regierung dazu, den 22 überlebenden Flüchtlingen insgesamt 330.000 Euro Entschädigung zu bezahlen (vgl. tagesschau.de 2012).

Zwar ist das Freundschaftsabkommen zwischen Italien und Libyen im Jahr 2011 nach dem Ausbruch des Bürgerkriegs in Libyen von italienischer Seite aufgekündigt worden, aber mit dem Antritt der libyschen Übergangsregierung trat der Vertrag wieder in Kraft und wird in nächster Zukunft neu verhandelt[19] (vgl. Spina 2012).

Der derzeitige Ministerpräsident Monti kündigt nach dem Gerichtsurteil des EGMR ein Umdenken in der Migrationspolitik an und verspricht, dass künftig die Menschenrechte von Bootsmigranten respektiert werden (vgl. Troendle 2012). Darüber hinaus hat diese Gerichtsurteil Folgen für die gesamte EU, denn der Gerichtshof hat den Schutz von Flüchtlingen auf hoher See entscheidend gestärkt (vgl. tagesschau.de 2012). Dem EU-Parlamentspräsidenten Martin Schulz zufolge ist die Flüchtlingsproblematik kein italienisches Problem, sondern eines von allen Europäern (vgl. Troendle 2012). Demnach muss der vorläufige Schutz eines jeden Flüchtlings pflichtgemäß garantiert sein (ebd.).

Die Ablehnung von Einwanderern wird noch durch ein anderes Problem verschärft. Seit Mitte der 90er Jahre befindet sich Italien in einer anhaltenden, folgenschweren wirtschaftlichen und sozialen Krise, die nicht nur Arbeitslosigkeit und Existenzängste verursacht, sondern auch die Angst vor Fremden generell verschärft (vgl. Staudacher/ von Kempis 2008: 6). Auch derzeit ist in Hinblick auf die italienische Wirtschaft keine Trendwende in Sicht, denn das Bruttoinlandsprodukt schrumpfte zwischen April und Juni 2012 bereits das vierte Quartal in Folge (vgl. El-Sharif 2012). Seit mehr als einem Jahrzehnt zählt Italien zu den am langsamsten wachsenden Ländern in Europa (ebd.).

Bislang ist noch nicht abzusehen, wie sich die Situation für Einwanderer entwickeln wird und welche Maßnahmen die Politik in Hinblick auf die Immigranten trifft. Wünschenswert und erforderlich wären politische Maßnahmen, die auf die Integration von Immigranten und nicht auf deren Bekämpfung abzielen.

Im kommenden Frühjahr sind die nächsten Parlamentswahlen. Wer als Wahlsieger aus diesen Wahlen hervorgeht, bleibt noch offen. Es kann ebenso davon ausgegangen werden, dass sich die Richtung der Migrationspolitik erst nach dieser Wahl verändern wird bzw. erst absehbar ist, inwiefern sie sich entwickeln wird.

---

[18] Die katastrophale Situation in den lybischen Gefängnissen wurde von mehreren Hilfsorganisationen und internationalen NGO´s ausführlich dokumentiert (vgl. Spina 2012). Über Monate sind inhaftierte Flüchtlinge in den überfüllten libyschen Lagern vergewaltigt, geschlagen und gefoltert worden (ebd.).

[19] Insbesondere das Uno-Flüchtlingswerk kritisiert, dass Italien das Abkommen ohne Vereinbarung bezüglich der Abschiebungsregelungen wieder akzeptiert hat (vgl. Spina 2012).

Literaturverzeichnis

Bethke, Maria/Bender, Dominik. 2011. „Zur Situation von Flüchtlingen in Italien." Bericht über Recherchereise nach Rom und Turin im Oktober 2010. Frankfurt am Main: Förderverein PRO ASYL e.V., http://www.proasyl.de/fileadmin/fm-dam/q_PUBLIKATIONEN/2011/Italienbericht_FINAL_15MAERZ2011.pdf, Zugriff am 26.05.2012.

Chiarini, Roberto. 2011. „Die extreme Rechte in Italien." In: Langenbacher, Nora/Schellenberg, Britta (Hg.). *Europa auf dem ‚rechten' Weg? Rechtsextremismus und Rechtspopulismus in Europe."* Berlin: FES: 153-169, http://library.fes.de/pdf-files/do/08337.pdf, Zugriff am 26.05.2012.

El-Sharif, Yasmin. 2012. „Rezession: Italiens Wirtschaft schrumpft und schrumpft" *spiegelonline* 7.08.2012, http://www.spiegel.de/wirtschaft/soziales/rezession-in-italien-wirtschaft-schrumpft-im-zweiten-quartal-a-848673.html, Zugriff am 7.08.2012.

Goller, Markus. 2009: „Die Lega Nord. Eine Partei sui generis" *Länderbericht - Parteistudie.* Sankt-Augustin: Konrad-Adenauer-Stiftung, http://www.kas.de/wf/doc/kas_17395-1522-24-30.pdf?100611132454, Zugriff am 31.07.2012.

Grimm, Markus. 2004. „Die Alleanza Nazionale: Postfaschistisch oder rechtskonservativ?" Magisterarbeit Universität Bonn, http://fss.plone.uni-giessen.de/fss/fbz/fb03/institute/institut-fur-politikwissenschaft/pifo/thesis/die-alleanza-nazionale-postfaschistisch-oder-rechts-konservativ/file/PIFO_Web_Thesis2_v5.pdf, Zugriff am 7.08.2012.

Höhne, Roland. 2003. „Alleanza Nazionale – Zwischen Neofaschismus und nationalem Konservatismus" In: Bernhard Rill (Hg.) *Italien im Aufbruch – eine Zwischenbilanz,* Argumente und Materialen zum Zeitgeschehen 37. München: Hans Seidel Stiftung, Akademie für Politik- und Zeitgeschehen: 99-112.

Iori, Francesco. 2003. „Die Lega Nord – Vertretung regionaler Interessen im National-staat" In: Bernhard Rill (Hg.) *Italien im Aufbruch – eine Zwischenbilanz*, Argumente und Materialen zum Zeitgeschehen 37. München: Hans Seidel Stiftung, Akademie für Politik- und Zeitgeschehen: 89-97.

Kopp, Judith. 2011. „Europa verliert seine Torwächter?" *Dossier Grenz- statt Menschenschutz? Asyl- und Flüchtlingspolitik in Europa*. Berlin: Heinrich-Böll-Stiftung. http://www.boell.de/downloads/Dossier_Asyl-_und_Fluechtlingspolitik.pdf, Zugriff am 26.05.2012.

Migration und Bevölkerung. 2003. „Länderprofil Italien" *Newsletter Migration und Bevölkerung* 7/2003. Berlin: Bundeszentrale für Politische Bildung, http://www.migration-info.de/mub_artikel.php?Id=030704, Zugriff am 31.07.2012.

Migration und Bevölkerung. 2009. „Italien: Maßnahmen gegen irreguläre Migration" *Dossier MuB 5/2009*. Berlin: Bundeszentrale für Politische Bildung, http://www.bpb.de/gesellschaft/migration/dossier-migration/57175/italien-massnahmen-gegen-irregulaere-migration, Zugriff am 26.05.2012.

Migration und Bevölkerung. 2011. „Italien/EU: Anhaltender Flüchtlingsstrom" *Dossier MuB 7/2011*. Berlin: Bundeszentrale für Politische Bildung, http://www.bpb.de/gesellschaft/migration/dossier-migration/56858/fluechtlingsstrom, Zugriff am 26.05.2012

Migration und Bevölkerung 2012. „EU/Italien: Flüchtlingsschutz auf hoher See" *MuB 3/2012*. Berlin: Bundeszentrale für Politische Bildung, http://www.migration-info.de/mub_artikel.php?Id=120304, Zugriff am 26.05.2012.

Plate, Katja Christina. 2012. „Kommunalwahlen in Italien: Links vor Rechts" *Länderbericht*. Sankt Augustin: Konrad-Adenauer-Stiftung, http://www.kas.de/wf/doc/kas_30970-1522-1-30.pdf?120510122841, Zugriff am 26.05.2012.

Spina, Romina. 2012. "Umstrittene Migrationspolitik Italiens vor Kurswechsel" In: Neure Züricher Zeitung Online 27. Februar 2012, http://www.nzz.ch/aktuell/international/umstrittene_migrationspolitik_italiens_vor_kurs wechsel_1.15302863.html, Zugriff am 26.05.2012

Staudacher, Wilhelm/ von Kempis, Stefan. 2008. „Italiens Umgang mit der Immigration" *Länderbericht.* Sankt Augustin: Konrad-Adenauer-Stiftung, http://www.kas.de/wf/doc/kas_15214-1522-1-30.pdf?081201165502, Zugriff am 26.05.2012.

Staudacher, Wilhelm/ von Kempis, Stefan. 2009. „Weiße Weihnacht ohne Ausländer? Lega Nord hetzt gegen Ausländer" Länderbericht. Sankt Augustin: Konrad-Adenauer-Stiftung, http://www.kas.de/wf/doc/kas_18309-1522-1-30.pdf?091207140355, Zugriff am 26.05.2012.

Tagesspiegel online. 2012. „Italien. Betrugsskandal: Lega Nord-Chef Bossi tritt zurück" *Der Tagesspiegel – Politik* 5.04.2012, http://www.tagesspiegel.de/politik/italien-betrugsskandal-lega-nord-chef-bossi-tritt-zurueck/6483916.html, Zugriff am 1.08.2012.

Tagesschau.de 2012. „Urteil in Straßburg: Abschiebung afrikanischer Flüchtlinge unrecht" *Tagesschau.de* 23.02.2012, http://www.tagesschau.de/ausland/bootsfluechtlinge124.html, Zugriff am 6.08.2012.

Troendle, Stefan. 2012. „Nach dem Urteil in Straßburg: Italien kündigt Umdenken in Einwanderungspolitik an" *tagesschau.de* 24.02.2012, http://www.tagesschau.de/ausland/bootsfluechtlinge126.html, Zugriff am 6.08.2012.

von Kempis, Stefan. 2010. „Regionalwahlen in Italien 2010. Aufwind für Berlusconi; Vormarsch der Lega" *Länderbericht.* Sankt Augustin: Konrad-Adenauer-Stiftung, http://www.kas.de/wf/doc/kas_19232-1522-1-30.pdf?100331160702, Zugriff am 26.05.2012.

Wikipedia. 2012. „Movimento Sociale Italiano", 10. 05. 2012, http://de.wikipedia.org/wiki/Movimento_Sociale_Italiano, Zugriff am 7.08.2012.

Zeit online. 2008. „Einwanderung: Italien ruft den Notstand aus" *Zeit online – Ausland* 17.12.2008, http://www.zeit.de/online/2008/31/italien-ruft-den-notstand-aus, Zugriff am 6.08.2012.